KB151434

평범한 우리 어린이들을 다음 세대
위인으로 만들어 줄 교과서 위인 이야기!
효리원의 교과서 위인 이야기는 초등학교
교과 과정에 나오는 국내외 위인들을, 우리나라
최고 아동 문학가 53인이 재미있게 동화로 구성했습니다.
지혜와 용기로 위대한 삶을 산 위인들의 이야기는,
어린이들의 마음속에 '나도 할 수 있다.'는
희망의 씨앗을 심어 줄 것입니다!

일러두기

1. 띄어쓰기와 맞춤법 : 초등학교 국어 교과서와 국립국어원의 『표준국어대사전』을 기준으로 하였습니다.

2. 외래어 지명과 인명 : 국립국어원의 『외래어 표기 용례집』을 기준으로 하였습니다.

3. 이해가 어려운 단어 : ( ) 안에 뜻풀이를 하였습니다.

4. 작가 연보 : 연도와 함께 나이를 표기하고, 업적을 간략히 소개하였습니다. 우리나라 위인은 태어난 해를 한 살로 하였고, 외국 위인은 만 나이를 한 살로 하였습니다. 정확한 자료가 없는 위인은 연도와 업적만을 나타냈습니다.

5. 내용 구성 : 위인의 삶은 역사적 자료를 바탕으로 최대한 사실적으로 구성하였습니다. 그러나 읽는 재미를 위해 대화 글이나 배경 묘사, 인물의 감정 표현 등에 작가의 상상력을 가미하였습니다.

6. 그림 구성 : 문헌을 바탕으로 위인이 살던 시대를 충실히 나타내도록 하되 복식의 색상이나 장식, 소품, 건물 등은 작가의 상상으로 그렸습니다.

7. 내용 감수 : 각 분야의 전문가들로 구성된 편집 위원들이 꼼꼼히 감수를 하였습니다.

편집 위원

김용만(우리역사문화연구소장)
교과서에서 만나는 위인들을 중심으로 일화와 함께 그림과 사진을 곁들여 지루하지 않게 읽을 수 있습니다. 술술 읽다 보면 학교 공부에도 많은 도움이 될 것입니다.

신현득(동시인, 전 새싹회 회장)
우리가 자주 듣고 접하는 역사 속 실존 인물들이 자신의 꿈을 이루기 위해 어떻게 노력했는지 깨달아 가면서 우리 어린이들은 한층 더 성숙해질 것입니다.

윤재운(동북아역사재단 연구 위원)
위인전을 읽으면서 어린이들은 시대를 넘어 간접 체험을 할 수 있습니다. 어떻게 살아야 하는지 인생에 대한 동기 부여와 함께 삶이 보다 풍요로워질 것입니다.

이은경(철학 박사, 전북과학대 유아교육학과 교수)
한 사람의 인격과 품성은 어릴 때 형성됩니다. 따라서 초등학교 저학년 때 어떤 책을 읽느냐에 따라 생각의 크기가 달라집니다. 어린이의 미래를 위해 이 책은 꼭 읽어야 합니다.

이창열(하버드 대학교 물리학 박사, 전 국가과학기술자문회의 전문 위원)
세상을 바꾼 위대한 인물의 이야기는 어린이의 인성 및 감성 발달에 큰 영향을 미칠 뿐 아니라 실험 정신과 개척 정신을 길러 줍니다. 용기와 지혜로 세상을 헤쳐 나가는 당당한 어린이를 꿈꾼다면 이 책은 꼭 한번 읽어 보아야 합니다.

정재도(한글학자)
위인으로 일컬어지는 이들은 어떤 생각을 하고, 어떤 삶을 살았을까요? 그들의 흔적을 담은 위인전은 복잡한 현대를 이끌어 갈 우리 어린이들에게 나침반과 같은 역할을 할 것입니다.

조수철(서울대학교 의과대학 소아정신과 교수)
위인전은 시대와 신분, 업적이 다른 위인들의 삶이 다양하고 흥미롭게 구성되어 있어 손쉽게 여러 삶의 모습을 만날 수 있습니다. 용기 있게 고난을 헤쳐 나간 위인의 이야기를 통해 삶의 지혜를 배울 수 있을 것입니다.

목민심서를 쓴 조선 시대의 대표적인 실학자

정약용

정 진 글 / 신찬식 그림

 효리원
hyoreewon.com

정조 임금으로부터 깊은 신뢰와 사랑을 받은 정약용은 나라와 백성을 사랑하는 마음 하나로 평생을 외롭게 살았던 위대한 학자입니다. 그는 유네스코 세계 문화유산에 오른 수원 화성 짓는 일을 맡아 직접 설계를 하고 거중기를 만들 정도로 뛰어난 과학자이자 정치가이기도 했습니다.

그가 살았던 조선은 찬란한 문화와 훌륭한 정신을 간직한 나라였지만, 외세의 침략으로 원치 않은 전쟁을 치른 탓에 백성들은 헐벗고 굶주린 삶을 살아야 했습니다.

그런 현실을 무척 가슴 아파했던 정약용은 '백성이 없으면 나라도 없다.'는 믿음을 가지고 실학 연구에 앞장을 섰습니다.

하지만 서학을 공부하고 천주교를 믿었다는 이유로 끊임없이 반대파의 모함을 받았습니다.

결국 신유박해 때 형과 매형 등의 가족이 죽임을 당했고, 자신은 귀양을 떠나야 했습니다.

이렇게 억울한 누명을 쓰고 가족과 떨어져 18년 동안이나 유배지에 머물면서도 정약용은 절망하지 않고 학문을 닦으며 제자들을 가르치는 한편 책을 썼습니다.

그 결과 정약용은 일생 동안 『목민심서』 『경세유표』 『흠흠신서』 등 500여 권의 책과 2,500여 편의 시를 통해 조선 후기의 실학을 집대성해 놓았습니다.

현실에서 겪는 엄청난 고통과 처절한 외로움을 그는 학문을 연구하고 글을 쓰는 일로 승화시켰던 것입니다.

어린이들에게 위인전을 읽히면 세상을 보는 눈이 깊어지고 넓어질 뿐만 아니라 올바른 삶의 태도가 싹트게 됩니다.

어린이와 함께 이 책을 읽고, 어려움에 부딪치거나 공부하느라 힘이 들 때마다 '현실의 아픔을 학문으로 극복한 정약용의 의지'를 기억할 수 있도록 지도해 주시기 바랍니다.

머리말

네 살 때 아버지에게 『천자문』을 배우기 시작한 정약용은 열 살 때 『삼미집』을 펴내 '중국의 두보나 이태백처럼 훌륭한 시인이 탄생했다.'는 평가를 받은, 시대를 앞서간 위대한 스승입니다.

그는 백성들의 실생활에 도움을 주기 위해 서학을 연구했는데, 되레 억울한 모함을 받았습니다.

결국 죄인으로 몰려 감옥 같은 유배 생활을 18년이나 했습니다. 그러나 정약용은 현실의 아픔을 학문으로 극복하고 훌륭한 깨우침을 주는 저술들을 남겼습니다.

우리는 이 책에서, 진심으로 백성을 아끼고 나라를 사랑한 올곧은 마음을 배울 수 있습니다. 여러분도 부디 정약용의 삶을 본받아 훌륭한 내일을 열어 나가기 바랍니다.

글쓴이 정 진

차 례

개구쟁이
귀농이

　　남한강과 북한강이 한데 만나 한강이 시작되는 지점에 그림처럼 아름다운 마을이 있습니다. 엄마 품속처럼 포근하게 감싸 주는 산이 있어서 더욱 그렇게 느껴지는 곳입니다.

　　경기도 광주 초부면 마재마을(지금의 남양주시 조안면 능내리). 1762년 6월 16일, 바로 이곳에서 실학의 큰 스승이며 위대한 학자인 정약용이 태어났습니다.

　　대대로 글을 익혀 벼슬길에 오른 선비 집안 출신인 정재원(정약용의 아버지)은 마음이 곧은 사람이었습니다. 과거에 합격하여 벼슬길에 나선 정재원은 조정에서 왕을 모시는 관리들이 뜻을 같이하는 사람들끼리 편을 갈라 서로 싸우는 모습에 몹시 실망했습니다.

"나랏일은 돌보지 않고 그저 자신의 이익만 생각하는 관리들이 한양(지금의 서울)엔 너무 많구나!"

그로 인해 정재원은 오랫동안 고민을 했습니다.

'한 나라의 관리가 되었으면, 그 나라를 발전시키고 백성들을 편히 살도록 하기 위해 노력을 해야 하건만! 현실은 그렇지

가 않구나.'

고향으로 돌아온 정재원은 농사를 지으며 책을 읽었습니다.

바로 그 무렵, 정재원의 넷째 아들이 태어났습니다.

"허허, 눈망울이 초롱초롱하고 울음소리도 우렁차구나!"

정재원은 아기를 보자 마음이 든든하고 기뻤습니다.

"아가야, 너는 고향으로 돌아와서 낳은 자식이란다. 부디 당파 싸움(패를 갈라 서로 다투는 일)에 휘말리지 말고, 농사를 지으며 평화롭게 살아라."

정재원은 새로 태어난 아들에게 '귀농'이란 아명(아이 때 부르는 이름)을 지어 주었습니다.

귀농이는 세수하는 것을 가장 싫어했습니다.

"귀농아, 세수하고 손도 씻어야지!"

귀농이는 엄마가 부르면 뒷걸음을 치면서 대답했습니다.

"싫어요! 세수를 왜 자꾸자꾸 하라는 거예요?"

어린 마음에, 강가에서 흙장난을 하고 놀다 보면 금방 더러워질 텐데 굳이 세수를 할 필요가 없다는 생각이 들었던 것입

니다.

"어서 이리 오렴. 까마귀가 너를 보면 '형님'이라
고 부르겠다."

"그거야 까마귀보다 제가 훨씬 크니까 당연히 형
님이라고 부르겠죠, 뭐."

정약용 생가 | 정약용이 18년간의 유배 생활을 마치고 돌아온 57세부터 세상을 뜬 75세까지 살았던 집입니다.

귀농이는 후다닥 대문을 빠져나갔습니다.

"저, 저 녀석이……."

귀농이 엄마인 윤씨 부인은 기가 막혀서 웃음이 다 나왔습니다.

'그래도 『천자문』을 깨치는 것을 보면 참 영특한 아이인데, 얼굴도 깨끗이 씻고 다니면 얼마나 좋을까!'

윤씨 부인은 귀농이가 사라진 대문을 한참 동안 바라보았습니다.

하늘나라로
떠난 어머니

"오늘 외갓집에 제사가 있어서 잠시 다녀오마."

윤씨 부인의 말을 들은 귀농이는 귀가 번쩍 뜨였습니다.

"어머니, 저도 따라갈래요!"

"외갓집에 가는데, 까치집 지은 머리에 흙강아지 같은 꼴을
한 너를 어떻게 데리고 가니?"

귀농이는 잠시 망설이다가 소리쳤습니다.

"금방 씻을게요!"

윤씨 부인은 귀농이가 세수하는 모습을 바라보며 흐뭇한 미

소를 지었습니다.

윤씨 부인의 친정에서 증조부(아버지의 할아버지)인 공재 윤두서 어른의 제사를 모시는 날이었습니다.

윤두서는 시와 글씨는 물론 그림에도 재능이 뛰어난 분입니다. 윤씨 부인은 고산 윤선도(조선 중기의 문신으로 시조 문학의 대가)의 6세손이었습니다.

"흐음, 종이 냄새가 참 좋다!"

귀농이는 외갓집에 도착하자마자 사랑채 서가로 달려가서 코를 발름거렸습니다.

밤이 이슥해서야 제사상 차림을 마친 어른들은 깜짝 놀랐습니다.

"귀농이가 없어졌어요!"

"귀농아, 어디 있느냐?"

외갓집 식구들과 윤씨 부인은 귀농이를 찾아 사방으로 뛰어다녔습니다.

"여기 있네요! 귀농이가 책을 보다가 깜박 잠이 들었나 봐요."

외삼촌이 사랑채 서가에서, 책에 코를 박은 채 자고 있는 귀농이를 찾아냈습니다.

"허허, 우리 귀농이가 책을 장난감처럼 가지고 놀다가 잠이 들었구먼!"

외할아버지가 쌔근쌔근 잠자는 귀농이를 내려다보며 말했습니다.

"나중에 우리 귀농이가 아주 큰 학자가 될 모양이다!"

가슴을 졸이며 귀농이를 찾아 뛰어다녔던 윤씨 부인은 그제야 마음을 놓으며 대답했습니다.

"아버님 말씀대로 그렇게 되었으면 좋겠어요!"

어느 날, 친구들과 강가에서 첨벙첨벙 뛰어놀던 귀농이는 문득 먼 산을 바라보았습니다.

"얘들아, 잠깐만!"

집으로 달려간 귀농이는 손님들과 이야기를 나누고 있는 아버지의 방으로 뛰어 들어갔습니다.

"이 녀석, 어디서 모래 장난을 하다가 왔구나! 우선 어르신들께 인사부터 올려야지."

귀농이는 넙죽 엎드려 큰절을 올렸습니다.

"하하, 얼굴에 장난기가 잔뜩 붙어 있구나!"

어른들은 한눈에 귀농이가 장난꾸러기인 것을 알아보았습니다.

"아버님, 붓과 종이가 좀 필요합니다."

"무엇에 쓰려고?"

"좋은 글이 떠올랐는데 잊어버릴까 봐 적어 놓으려고요."

선비들과 아버지는 깜짝 놀랐습니다. 여섯 살 개구쟁이가 시를 짓는다고 하니까요.

귀농이는 서슴없이 붓을 놀리기 시작했습니다.

작은 산이 큰 산을 가리는 것은
거리의 멀고 가까움이 다르기 때문이다.

귀농이의 시를 본 어른들은 입을 딱 벌렸습니다.

그중에서도 가장 놀란 사람은 바로 아버지 정재원이었습니다.

"앞으로 천문(우주와 천체의 여러 현상)과 수리(수학의 이론)에 뛰어난 재능을 보이겠구나!"

멀리 있는 산과 가까운 산의 형세를 잘 파악한 어린 아들의 번뜩이는 지혜를 알아본 것입니다.

나중에 남편한테 이 이야기를 전해 들은 윤씨 부인은 함박웃음을 지었습니다.

아버지는 귀농이의 머리를 쓰다듬어 주면서 말했습니다.

"우리 귀농이, 외할아버지 말씀처럼 나중에 꼭 훌륭한 사람이 될 거야!"

귀농이가 아홉 살이 되던 해에 무척 슬픈 일이 생겼습니다. 시름시름 병을 앓던 윤씨 부인이 그만 세

상을 떠나고 만 것입니다.

 귀농이는 어머니가 못 견디게 보고 싶을 때마다 외갓집을 찾았습니다. 그곳에 가면 어쩐지 어머니 냄새가 나는 것만 같고, 서가에 가득 꽂혀 있는 책들이 마치 어머니 얼굴처럼 정다웠기 때문이었습니다.

 '어머니, 어머니를 따라오던 외갓집에 왔어요!'

 귀농이는 외갓집 서재에서 책을 읽으며, 어머니에 대한 그리움과 슬픔을 달랬습니다.

『상미집』

엄마 없는 빈 자리를 채워 주기 위해, 아버지는 성품이 따스하고 너그러운 김씨를 아내로 맞아들였습니다.

"귀농아, 잠깐 이리 좀 와 볼래?"

잠시 망설이고 있는데, 새어머니가 귀농이의 손을 덥석 잡았습니다.

"우리 영리한 도련님이 세수를 하고 머리를 빗으면 얼마나 멋질까!"

새어머니의 손은 참 따뜻했습니다.

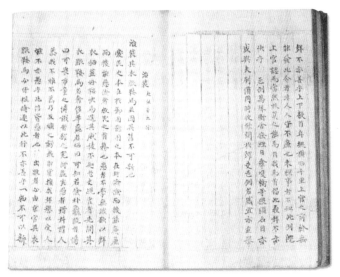

「목민심서」 | 정약용이 강진에서 귀양살이를 할 때 쓴 책으로, 지방 관리들이 지켜야 할 몸가짐과 마음가짐에 대한 내용을 담은 지침서입니다.

"아이고, 머리에 이랑 서캐(이의 알)가 살림을 바글바글 차렸구나! 무척 간지러웠을 텐데 잘도 참았구나."

새어머니는 참빗으로 귀농이의 머리를 싹싹 빗기면서 이랑 서캐를 잡아 준 다음, 뜨거운 물에 머리를 깨끗이 감겨 주었습니다. 무릎에 난 종기의 고름도 짜 주었습니다.

그로부터 얼마 뒤에 귀농이는 천연두라는 무서운 병에 걸렸습니다.

"귀농아, 부디 살아나야 한다!"

"도련님, 힘내세요. 꼭 이겨 내세요!"

새어머니와 큰형수는 귀농이를 간호하느라 며칠 밤을 지새

정약용 초상화 | 조선 시대를 대표하는 실학자 정약용의 모습을 담은 초상화입니다.

웠는지 모릅니다.

그러던 어느 날, 새어머니는 너무 지친 나머지 귀농이의 머리맡에서 깜박 졸고 있었습니다.

"어머니."

희미한 소리에 새어머니는 눈을 번쩍 떴습니다.

"……고맙습니다."

힘은 없지만, 정신을 차린 귀농이가 건네는 말이었습니다.

"고맙긴. 어머니니까 당연한 거야."

새어머니는 눈물이 그렁그렁한 채로 대답했습니다.

큰 병을 앓고 난 귀농이의 얼굴이 달라졌습니다. 오른 눈썹 위에 생긴 흉터 자국 때문에 마치 눈썹이 세 개로 갈라진 것처럼 보였습니다.

"히힛, 귀농이 눈썹이 세 갈래로 나뉘었지 뭐야! 이제부터 별명을 삼미(눈썹이 세 개)라고 해야겠다."

친구들이 깔깔 웃으며 놀렸습니다.

"하하하! 삼미라고? 그것 참 재미있다."

귀농이도 친구들과 함께 웃으며 그렇게 말했습니다.

"넌 어쩜, 놀리느라고 한 말인데도 좋아하니?"

"이건 천연두랑 싸워서 이긴 훈장이잖아. 삼미라는 별명, 아주 마음에 든다!"

아버지는 귀농이가 열 살이 되자 그동안 틈틈이 지은 시들을 모아 책으로 엮어 주었습니다. 제목이 『삼미집』인데, 친구들에게 얻은 별명 '삼미'를 가져다 쓴 것입니다.

이 시집을 읽어 본 사람들은 '중국의 두보나 이태백처럼 훌륭한 시인이 탄생했다.'며 칭찬을 아끼지 않았습니다.

귀농이와 다른 형제들은 어려서부터 아버지한테 학문을 배었습니다. 그래서 정재원은 귀농이의 총명함과 재주를 잘 알고 귀하게 여기고 있었습니다.

귀농이가 열한 살이 되었을 무렵, 마을에 사는 한 노인이 화가 잔뜩 나서 집으로 찾아왔습니다.

"귀농이 장난 때문에 참을 수가 없습니다. 어제는 아이들과 함께 남의 집 호박에다 말뚝을 박더니, 오늘은 무를 뽑아서 아예 밭을 못 쓰게 만들었습니다."

정재원은 그동안 귀농이가 장난을 심하게 쳐도 혼낸 적이 없었습니다. 하지만 이번에는 그냥 넘어갈 수 없었습니다.

"냉큼 종아리를 걷어라!"

귀농이는 태어나서 처음으로 회초리 맛을 보아야 했습니다.

"철썩, 철썩!"

"아얏, 에구구구!"

"엄살부리지 마!"

아버지는 엄한 목소리로 꾸짖었습니다.

"너는 그저 재미로 한 장난이겠지만, 그 채소는 농부들이 땀

『흠흠신서』 | 정약용이 지은 형법서. 형벌 일을 맡은 벼슬아치들이 유의할 점을 적은 책입니다.

을 흘리며 지극 정성으로 가꾼 것이야. 호박 하나, 무 하나에 들어간 농부들의 정성과 땀을 헤아릴 줄 모르면서, 공부만 잘하면 뭐 해! 글을 안다고 다 사람 노릇을 하는 건 아니다!"

귀농이는 가슴이 철렁 내려앉았습니다. 농부들의 정성과 땀을 전혀 생각하지 못했던 것입니다. 그제야 자신의 잘못을 깨달은 귀농이는 고개를 깊이 숙였습니다.

"아버님, 정말 잘못했습니다."

그날 이후 귀농이는 두 번 다시 그와 같은 장난을 치지 않았습니다. 대신, 책상머리에 앉아 있는 시간이 예전보다 더 길어졌습니다.

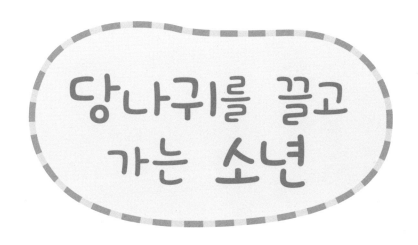

당나귀를 끌고 가는 소년

책을 읽다가 한참 동안이나 고개를 갸우뚱하고 있던 귀농이는 자리에서 벌떡 일어났습니다.

"아이고, 답답해라! 아버지한테 여쭈어 봐야지."

귀농이는 모르는 것이 나오면 그냥 넘어가지 않았습니다.

"이건 큰형님에게 가서 알아봐야겠다."

귀농이는 책에 씌어 있는 것이라도 곧이곧대로 받아들이지 않았습니다. 반드시 그러한 까닭을 알아야만 직성이 풀렸습니다. 앞뒤를 헤아려 수긍할 수 있을 때에야 비로소 자신의 지식

정약용 동상 | 평생 동안 500여 권이 넘는 책을 남긴 정약용의 동상입니다.

으로 만드는 공부를 해 나간 것입니다. 귀농이의 글솜씨는 나날이 발전했습니다.

귀농이는 틈만 나면 외갓집에 가서 책을 빌려다 읽었습니다.

그러던 어느 날, 당대의 이름난 문장가이며 훗날 학자로 이름을 크게 떨친 선비 이서구와 귀농이가 우연히 마주쳤습니다.

'어라, 웬 책을 저렇게 잔뜩 싣고 가는 걸까? 이제 겨우 열두 살 남짓밖에 안 되었을 듯싶은데…….'

이서구는 나귀를 끌고 가는 귀농이를 유심히 바라보았습니

다. 그리고 나서 열흘쯤 지난 뒤였습니다. 한양에 다녀오던 이서구는 또다시 그 소년과 마주쳤습니다.

귀농이는 지난번과 마찬가지로 나귀 등에 책을 잔뜩 실은 채 길을 가고 있었습니다.

"얘야, 누구 심부름을 다녀가는 게냐? 전에도 너를 본 적이 있다."

"심부름이 아닙니다. 제가 읽으려고 외갓집에서 빌려 오는 것입니다."

"뭐라고? 거짓말하지 마라. 어린 네가 어떻게 이런 책을 다 읽느냐?"

"정말입니다. 다 제가 읽을 책입니다."

이서구는 귀농이의 말이 믿기지 않아서 다시 물었습니다.

"그럼 전에 읽은 책 가운데 아무것이나 한 권을 골라 이야기해 보아라."

귀농이는 『강목(송나라 때 주희가 중국 왕조의 역사를 엮은

책)』에서 읽은 내용을 차분하게 설명했습니다. 그뿐 아니라 다른 책에서 익힌 것도 간추려서 들려주었습니다.

정약용 편지 | 정약용의 활달한 필치를 엿볼 수 있는 편지입니다.

"정말 놀랍구나! 얘야, 너는 어디 사는 누구냐?"

"마재 사는 정약용입니다."

"오라, 연천 현감을 지내신 정 현감이 바로 네 아버지시구나! 그렇다면 윤두서 대감이 네 외고조할아버지이시고?"

이서구는 귀농이의 초롱한 눈빛을 보며 연방 감탄했습니다.

'이 아이는 자라서 우리나라의 큰 재목이 되겠구나!'

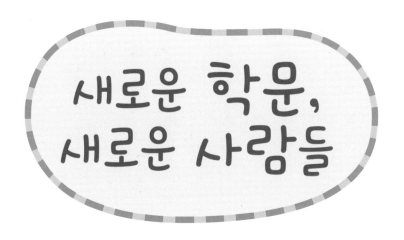

새로운 학문,
새로운 사람들

꽃샘추위가 종종걸음을 치는 1776년 이른 봄, 열다섯 살이 된 귀농이는 승지를 지낸 홍화보의 딸과 결혼을 했습니다. 당시에는 일찍 혼인하는 풍습이 있었기 때문에 그리 어린 나이도 아니었답니다.

이때부터는 아명 '귀농' 대신 '약용'이라는 정식 이름을 썼습니다.

정약용은 호조 좌랑으로 복직하는 아버지를 따라 한양으로 이사를 했습니다.

정약용은 매형(누나의 남편) 이승훈을 찾아갔습니다.

그는 정약용보다 여섯 살이 위였고, 학문이 깊었습니다.

"내가 재미있고 새로운 학문을 소개해 줄까?"

이승훈은 정약용에게 자신의 외삼촌인 이

정약용의 바위 글씨 | 정약용이 유배를 마치고 고향으로 돌아가기 전 자신의 마음을 새긴 바위 글씨입니다

가환을 소개해 주었습니다. 이가환은 정약용보다 스무 살이나 위였는데, 학식이 매우 높아서 '천재'라 일컬어지는 분이었습니다.

"내 중조부인 성호 이익 선생께서 쓰신 책들이네. 한번 읽어 보게나."

정약용은 이가환이 빌려 준 책들을 읽으며 깨달음을 얻어 나갔습니다.

'드디어 내 마음의 스승을 만난 거야! 이제부터 성호 선생은 나의 큰 스승이시다.'

정약용은 이가환에게 진지하게 물었습니다.

"성호 선생께서 평생 연구하신 실학이란 어떤 학문입니까?"

"실학이란 우리 생활에 직접 보탬을 주는 학문이라네. 이론보다는 실제를 한층 더 중하게 여기지."

정약용은 큰형 약현의 처남(아내의 남자 형제)인 이벽으로부터 서학도 배웠습니다.

"서학이 어서 번창해야 우리나라가 잘살게 되고 문명을 발달시킬 수 있네."

"서학은 어떤 학문입니까?"

"서양에서 일어난 천주교 사상과 과학 기술을 통틀어서 서학이라고 한다네. 자네가 존경하는 성호 선생의

『경세유표』 | 정약용이 유배 생활을 하면서 쓴 책으로, 백성들이 잘살 수 있는 여러 가지 제도 개혁안을 담고 있습니다.

학문도 알고 보면 서학에 그 바탕을 두고 있다네."

정약용은 서양의 새로운 사상과 과학 기술에 대해 깊이 있게 연구하기 시작했습니다.

당시에 서양 책들은 중국을 통해 들어왔는데, 천주교에 대해 씌어진 것들도 있었습니다. 이에 따라 천주교를 믿는 사람들이 생겼는데, 그들은 제사를 모시지 않았습니다. 사상의 뿌리를 유교에 두었던 우리나라 조정에서는 단속을 하기 시작했습니다.

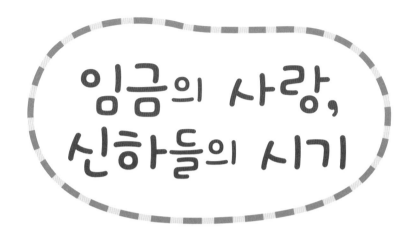

임금의 사랑,
신하들의 시기

1783년 4월, 회시에 합격한 정약용은 정조 임금 앞에서 『중용(어느 쪽으로나 치우침이 없는 덕과 도를 인간 행위의 최고 기준으로 삼은 유교 경전)』을 강의하는 학자들 대열에 서게 되었습니다.

본디부터 건성으로 공부해 본 적이 없는 정약용은 강의 준비에 최선을 다했습니다. 그런 모습을 본 정조 임금이 신하들에게 말했습니다.

"궁중에서 강의하는 선비들이 많지만, 과인이 보기에는 정약용이 가장 잘하고 있소!"

그러던 어느 날 정약용은 정조 임금의 갑작스러운 부름을 받고 대궐로 들어갔습니다.

"나라의 앞날을 위해 그대는 과인이 정말 아끼고 기대하는 인재라오. 학문에 더욱 힘을 써 주시오."

정조 임금은 백면지(닥나무 껍질로 만든, 품질이 썩 좋은 종이) 100장과 『국조보감』한 질, 그리고 병법에 관한 책을 상으로 주었습니다. 책도 물론 그렇지만, 종이가 귀하던 시절이라 백면지는 무척 소중한 하사품이었습니다.

"전하, 성은이 망극하옵니다."

정조 임금의 신뢰와 사랑이 점점 두터워지자, 정약용을 시기하는 사람들이 생겼습니다.

"임금을 가까이 모시는 신하인 정약용이 서학에 빠져 있다니 말도 안 되는 일이오."

"조상의 제사조차 모시지 않는 몹쓸 천주교를 믿고 있다고 하지 않소? 나라의 법을 어긴 만큼, 벌을 받아야 하오."

신하들은 벌 떼처럼 일어나, 정약용에게 큰 벌을 내려야 한

정약용 초당 | 사적 제107호. 다산 정약용이 강진에서 유배 생활을 할 때 책을 쓰고 제자들을 가르친 곳입니다. 다산의 사상과 정신이 깃든 곳으로, 이곳에서 『경세유표』『목민심서』『흠흠심서』 등을 집필했습니다.

다며 정조 임금을 괴롭혔습니다.

'내가 아끼는 정약용을 귀양 보내야 하다니, 참으로 안타까운 일이로구나!'

1790년 3월 8일, 정조 임금은 어쩔 수 없이 정약용의 귀양을 결정했습니다. 그러나 정조 임금은 충청도 해미(지금의 서산시)로 유배되었던 정약용을 10여 일 만에 다시 불러들였습니다.

수원 화성

1792년 3월, 정약용은 홍문관 수찬이라는 벼슬자리에 올랐습니다.

"참으로 장하다! 앞으로도 나랏일에 더욱 힘쓰거라."

그렇게 아들의 출세를 기뻐하던 아버지가 4월 9일 그만 세상을 떠나고 말았습니다.

정약용은 아버지를 충주 가차산면 하담에 모시고, 3년 동안 시묘(부모가 돌아가시면 그 무덤 옆에 움막을 짓고 사는 일)를 살았습니다.

'아버님, 저에게 학문을 가르쳐 주셨고, 늘 바르게 사는 모습을 몸소 보여 주셨지요!'

정약용은 슬픔에 잠긴 채, 아버님을 그리고 있었습니다.

"전하의 명을 받고 왔습니다."

정조 임금이 직접 내린 명은 뜻밖에도 수원 외곽을 감싸는 성을 쌓으라는 것이었습니다.

정조 임금은 당파 싸움으로 인해 억울하게 세상을 떠난 아버지 사도 세자에 대한 효심이 지극했습니다. 그래서 아버지의 무덤이 있는 수원을 특별하게 생각했습니다.

정조 임금은 정약용에게 성을 잘 쌓을 수 있는 방법을 연구해 달라고 했습니다.

'성을 쌓는 데 드는 돈을 절약하고, 백성들의 수고도 덜 수 있는 방법을 찾아보자. 또한 전하께서 머무실 성이니 무엇보다 안전해야 하고, 보기에도 아름답게 지어야 한다.'

정약용은 『기기도설』이라는 중국 책을 참고하여 무거운 것을 들어 올리는 기계 '거중기'를 만들었습니다.

"와아! 기계 하나가, 수십 명의 일꾼이 달려들어도
어림없는 일을 척척 해내는구나!"

"이제는 무거운 바위를 들다가 다칠 일은 없겠어!"

일꾼으로 뽑혀 온 백성들이 무척 기뻐했습니다.

게다가 정약용이 정조 임금에게 아뢴 덕분에 나라

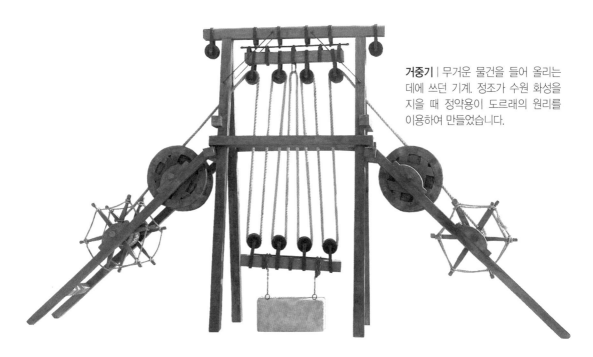

거중기 | 무거운 물건을 들어 올리는 데에 쓰던 기계. 정조가 수원 화성을 지을 때 정약용이 도르래의 원리를 이용하여 만들었습니다.

에서 주는 품삯까지 받게 되어 신바람이 났습니다. 그 덕분에 짓는 데 10년이 걸릴 거라던 수원 화성을 2년 6개월 만에 완성할 수 있었습니다.

"참으로 훌륭하오! 이 모든 것이 다 그대 덕분이오."

눈시울이 붉어진 정조 임금이 정약용의 손을 꼭 잡으며 말했습니다.

팔달문(보물 제402호) · 화서문(보물 제403호) · 장안문 · 공심돈 등의 문화재로 이루어진 수원 화성은 1997년 유네스코 세계 문화유산으로 등록되었습니다.

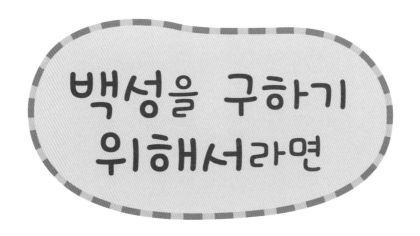

백성을 구하기 위해서라면

"정약용을 경기도 암행어사로 임명하노라."

정약용을 부른 정조 임금이 명을 내렸습니다.

암행어사는 조선 시대에 지방의 고을을 돌아다니며 백성들을 괴롭히는 못된 관리를 찾아내던 벼슬입니다. 백성들이 굶주리지 않고 즐겁게 살 수 있도록 하려면 고을의 관리들이 바르고 정직해야 된다는 것을 잘 아는 정조 임금은 암행어사를 자주 내려보냈습니다.

정약용은 가난한 시골 선비 차림으로 경기도 이곳저곳을 돌

다산 유물 전시관 | 정약용이 18년 동안 유배 생활을 한 전라남도 강진에 있습니다.

아보았습니다. 헐벗고 굶주림에 지친 백성들의 모습을 본 정약용의 가슴은 미어터질 듯 아팠습니다. 그는 백성들을 쥐어짜 자신의 주머니를 채우는 못된 관리들을 가려 벌을 내리게 했습니다.

시기심 많은 궁궐 신하들이 정조 임금 앞에서 정약용을 헐뜯었습니다.

'정약용을 미워하는 사람들로부터 얼마 동안 떨어뜨려 놓는 것이 좋겠구나.'

정조 임금은 정약용을 황해도 곡산의 도호부사로 임명했습니다.

'그동안 배운 바를 실천하여 백성들이 보다 편안하게 살 수 있도록 해 주어야겠다!'

곡산으로 간 정약용은 백성들을 위해 참으로 많은 일을 했습니다. 집집마다 송아지를 기르게 하여 농사철에 바쁜 일손을 덜게 했을 뿐 아니라, 나라에서 백성들에게 빌려 주는 쌀은 아전들이 속임수를 쓰지 못하도록 자신이 직접 나누어 주었습니다. 또한 세금을 공평하게 내도록 살피는 한편, 천연두라는 무서운 병을 예방하고 치료하는 방법이 담긴 『마과회통』이라는 책을 쓰기도 했습니다.

"우리 곡산이 정말 살기 좋은 마을이 되었어!"

"암, 그렇고말고. 다른 고을에서 우릴 얼마나 부러워하는지 알아?"

"누가 아니래? 이 모든 것이 다 도호부사 나리 덕분이야!"

못된 관리들 등쌀에 어두웠던 백성들의 얼굴이 환하게 피어났습니다.

아픔을 학문으로 극복한 사람

1800년 6월, 정조 임금이 세상을 떠나고 말았습니다. 정약용은 그만 눈앞이 캄캄해졌습니다. 신하들이 아무리 미워하고 헐뜯어도 흔들리지 않고 자신을 믿어 준 임금이었습니다. 하늘이 무너진 것처럼 슬펐습니다.

그 뒤를 이어 왕위에 오른 순조는 겨우 열한 살이었습니다. 그런 까닭에, 영조 임금의 부인인 정순 왕후가 대왕대비 자격으로 수렴청정(임금이 어린 나이로 즉위하였을 때 왕대비나 대왕대비가 대신하여 나랏일을 돌보던 일)에 나섰습니다.

당장 천주교와 서학을 금지한다는 어명이 떨어졌습니다. 정약용은 더 이상 천주교를 믿지 않는데도 억울하게 누명을 쓰고 감옥에 갇혔습니다. 그의 형인 약전과 약종을 비롯하여 이승훈, 이가환 등도 끌려가 무서운 고문을 당했습니다.

1801년 2월, 천주교 신자라는 이유로 많은 사람들이 죽임을 당하거나 귀양을 갔는데, 이것이 바로 '신유박해'입니다. 이때 형 정약종과 매형 이승훈은 서소문 밖에서 참형을 당했고, 정약용과 정약전은 경상도 장기현과 전라도 신지도로 각각 귀양을 갔습니다.

얼마 후 황사영 백서 사건에 휘말려 한양으로 압송된 정약용은 다시 전라도 강진으로 귀양을 가서 18년이라는 긴 세월을 보내야 했습니다.

그러나 정약용은 절망하지 않았습니다. 되레 '내가 학문에 집중할 수 있는 좋은 기회를 얻었구나!' 하고 긍정적으로 생각했습니다.

1804년, 정약용은 이천자문인 『아학편』을 썼습니다. 이 책

은 중국의『천자문』이 우리나라 아이들에게는 적합하지 않다고 여기고, 우리나라 사정에 맞추어 새롭게 쓴 것입니다.

'사람이 태어나서 살아 있는 동안 책을 읽을 수 있는 날은 모두 합쳐 봐야 5년 정도의 시간밖에 없다.'고 한 정약용은, 책 읽기야말로 사람에게 있어서 가장 중요하고 깨끗한 일이라고 생각했습니다.

정약용은 다산(지금의 강진군 도암면 귤동 뒷산)에 있는 작은 집으로 거처를 옮기면서 자신의 호(본명이나 자 대신 허물없이 쓰기 위해 지은 이름)를 '다산'이라고 지었습니다. 그러고는 엉덩이가 짓무를 정도로 오랫동안 앉아서 글을 썼습니다. 도저히 앉아 있을 수 없는 지경이 되자 그는 벽에 선반을 매달아 놓고 선 채로 글쓰기를 계속했습니다.

정약용의 저서 대부분이 이곳에서 씌어졌습니다.『경세유표(백성을 바르게 이끄는 정치의 길에 대해 신하가 임금에게 올리는 글)』와『민보의(국방을 튼튼히 하는 데 보탬이 되는 병법서)』,『목민심서(고을의 수령인 목민관이 백성을 다스리는 바른 도리를 담은 책)』는 오

정약용 묘 | 경기도 기념물 제7호. 정약용 생가 뒤편에 있으며, 생가와 함께 공원으로 조성되었습니다.

늘날에도 많은 사람들에게 깊은 깨우침을 주는 책입니다.

57세가 되던 해인 1818년, 정약용은 마침내 귀양살이에서 풀려났습니다.

고향에 돌아와서도 정약용은 『흠흠신서(형벌을 맡은 관리들이 유의할 내용을 담은 책)』를 비롯하여 33권의 책을 썼습니다. 일생 동안 500여 권의 책과 2,500여 편의 시를 세상에 남긴 정약용은 1836년 2월 22일 일흔다섯 살의 나이로 영원히 깊은 잠에 들었습니다.

'글이 곧 사람이다.'라고 생각했던 정약용은 현실의 아픔을 학문으로 극복한 빛나는 위인입니다. ✿

정약용의 삶

연 대	발 자 취
1762년(1세)	6월 16일, 경기도 광주군 초부면 마현리에서 태어나다.
1765년(4세)	아버지 정재원에게 『천자문』을 배우기 시작하다.
1770년(9세)	어머니 해남 윤씨가 세상을 떠나다.
1771년(10세)	그동안 썼던 글들을 모아 시집 『삼미집』을 내다.
1776년(15세)	홍화보의 딸인 풍산 홍씨와 결혼하다.
1783년(22세)	회시에 합격하고 성균관에 들어가다. 큰아들 학연이 태어나다.
1786년(25세)	둘째 아들 학유가 태어나다.
1789년(28세)	식년 문과에 급제하다.
1792년(31세)	아버지 정재원이 세상을 떠나다. 정조 임금의 명에 따라 수원성을 설계하고 거중기를 만들다.
1794년(33세)	홍문관 수찬, 경기 암행어사가 되다.
1797년(36세)	황해도 곡산 부사로 바른 정치를 베풀다.
1800년(39세)	정조가 세상을 떠나자 벼슬을 그만두고 고향으로 오다.
1801년(40세)	신유박해로 경상도 장기현에 유배되었다가 황사영 백서 사건에 휘말려 전라도 강진으로 다시 귀양을 떠나다.
1808년(47세)	다산 초당으로 거처를 옮겨 제자들을 가르치며 『다산문답』 등을 엮다.
1817년(56세)	『경세유표』 40권을 완성하다.
1818년(57세)	『목민심서』 48권을 완성하다. 18년간의 귀양살이에서 풀려나다.
1819년(58세)	고향으로 돌아와 『흠흠신서』를 비롯하여 33권의 책을 쓰다.
1836년(75세)	2월 22일, 세상을 떠나다.

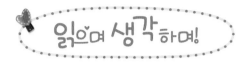

1. 정약용의 아명은 무엇인가요?

_____

2. 다음 (   ) 안에 공통으로 들어갈 낱말을 써 보세요.

"이건 천연두랑 싸워서 이긴 훈장이잖아. (   )라는 별명, 아주 마음에 든다!"

아버지는 귀농이가 열 살이 되자 그동안 틈틈이 지은 시들을 모아 책으로 엮어 주었습니다. 제목이 『(   )집』인데, 친구들에게 얻은 별명 '(   )'를 가져다 쓴 것입니다.

_____

_____

3. 다음 보기 글에서 주고받는 말은 무엇에 대한 것인가요? 또 정약용이 이 기계를 만들 때 참고한 책은 무엇인가요?

"와아! 기계 하나가, 수십 명의 일꾼이 달려들어도 어림없는 일을 척척 해내는구나!"

"이제는 무거운 바위를 들다가 다칠 일은 없겠어!"

_____

_____

4. 다음 보기 글에 나오는 정약용의 아버지가 한 말에 대한 자신의 생각을
   글로 써 보세요.

"너는 그저 재미로 한 장난이겠지만, 그 채소는 농부들이
땀을 흘리며 지극 정성으로 가꾼 것이야. 호박 하나, 무 하나
에 들어간 농부들의 정성과 땀을 헤아릴 줄 모르면서, 공부만
잘하면 뭐 해! 글을 안다고 다 사람 노릇을 하는 건 아니다!"

5. 다음 보기 글에 나타난 정약용의 공부 방법을 따라 하면 어떤 점이 좋
   을지 말해 보세요.

"이건 큰형님에게 가서 알아봐야겠다."
귀농이는 책에 씌어 있는 것이라도 곧이곧대로 받아들이
지 않았습니다. 반드시 그러한 까닭을 알아야만 직성이 풀
렸습니다. 앞뒤를 헤아려 수긍할 수 있을 때에야 비로소 자
신의 지식으로 만드는 공부를 해 나간 것입니다.

6. 다음 보기 글을 읽고, 시기와 질투에 대한 자신의 생각을 써 보세요.

정조 임금의 신뢰와 사랑이 점점 두터워지자, 정약용을 시기하는 사람들이 생겼습니다.

"임금을 가까이 모시는 신하인 정약용이 서학에 빠져 있다니 말도 안 되는 일이오."

"더욱이 조상의 제사조차 모시지 않는 몹쓸 천주교를 믿고 있다고 하지 않소? 나라의 법을 어긴 만큼, 벌을 받아야 하오."

신하들은 벌 떼처럼 일어나, 정약용에게 큰 벌을 내려야 한다며 정조 임금을 괴롭혔습니다.

7. 다음 보기 글을 읽고, 정약용에게 본받을 점을 말해 보세요.

얼마 후 황사영 백서 사건에 휘말려 한양으로 압송된 정약용은 다시 전라도 강진으로 귀양을 가서 18년이라는 긴 세월을 보내야 했습니다.

그러나 정약용은 절망하지 않았습니다. 되레 '내가 학문에 집중할 수 있는 좋은 기회를 얻었구나!' 하고 생각했습니다.

1. 귀농

2. 삼미

3. 거중기, 중국 책 『기기도설』

4. 예시 : 옳은 말씀이라고 생각한다. 먹거리가 우리의 밥상에 이르기까지는 여러 사람들의 손길을 거친다. 농부들은 농작물을 마치 아기 대하듯 한다고 들었다. 온 정성을 다해야 튼실한 수확을 거둘 수 있기 때문이다. 그러므로 밥알 하나, 채소 이파리 하나라도 함부로 버려서는 안 된다.

5. 예시 : 눈으로만 건성으로 공부하면 오래 기억되지 않는다. 특히 수학 문제는 답을 얻기까지의 풀이 과정이 더 중요하다. 다른 과목 역시 문제에 따른 원인과 결과를 살피고 따져 가며 공부해야 한다. 그로 인해 한층 더 깊고 넓게 사고하는 능력이 길러진다고 생각한다. 이러한 습관을 들이면 곤란한 문제에 부딪쳤을 때보다 쉽게 해결 방안을 찾을 수 있을 것이다.

6. 예시 : 만약 정약용처럼 공부도 잘하고 재주가 뛰어나서 어른들에게 칭찬받는 친구가 내 곁에 있다면 더러는 시기하는 마음이 들 것도 같다. 하지만 그런 생각을 억누르고 친구에게서 본받을 점이 무엇인지 살펴야 한다고 생각한다. 시기와 질투는 나에게 아무런 도움도 되지 않기 때문이다. 부럽거나 샘이 나더라도 거기에 머무르면 안 된다. 내가 더 노력하도록 부추겨 주는 상대로 여기고, 서로에게 보탬이 될 수 있도록 선의의 경쟁을 해야 할 것이다.

7. 예시 : 역시 훌륭한 사람은 다르다는 생각이 들었다. 어떤 어려움 속에서도 희망을 잃지 않고 자신이 해야 할 일을 열심히 한다는 것은 대단한 일이다. 귀양살이를 하면서도 학문을 닦으며 좋은 책을 쓴 정약용이 존경스럽다. 이 핑계 저 핑계 대면서 공부를 멀리하는 나와는 정말 하늘과 땅 차이다. 앞으로는 주어진 여건을 탓하며 불평을 늘어놓지 않고 모든 일에 최선을 다해야겠다.

최무선
(1328~1395)

신사임당
(1504~1551)

한석
(1543~

황희
(1363~1452)

이이
(1536~1584)

이순
(1545~

광개토
태왕
(374~412)

연개
소문
(?~666)

장보고
(?~846)

세종
대왕
(1397~1450)

허준
(1539~1615)

오성
한음
(오성 15
1618 /
한음 156
1613)

을지문덕
(?~?)

김유신
(595~673)

대조영
(?~719)

왕건
(877~943)

강감찬
(948~1031)

장영실
(?~?)

유성룡
(1542~1607)

고구려
살수
대첩
(612)

견훤
후백제
건국
(900)

문익점
원에서
목화씨
가져옴
(1363)

허준
동의
완성
(1610)

신라
삼국
통일
(676)

궁예
후고구려
건국
(901)

고려
강화로
도읍
옮김
(1232)

최무선
화약
만듦
(1377)

병자
호란
(1636)

고조선
건국
(B.C. 2333)

철기
문화
보급
(B.C.
300년경)

고조선
멸망
(B.C. 108)

고구려
불교
전래
(372)

신라
불교
공인
(527)

대조영
발해
건국
(698)

장보고
청해진
설치
(828)

왕건
고려
건국
(918)

귀주
대첩
(1019)

윤관
여진
정벌
(1107)

개경
환도,
삼별초
대몽
항쟁
(1270)

조선
건국
(1392)

훈민
정음
창제
(1443)

임진
왜란
(1592~1598)

한산도
대첩
(1592)

상평
통보
전국
유통
(1678)

B.C.	선사 시대 및 연맹 왕국 시대	A.D.	삼국 시대	698 남북국 시대	918	고려 시대	1392

| 2000 | 500 | 400 | 300 | 100 | 0 | 300 | 500 | 600 | 800 | 900 | 1000 | 1100 | 1200 | 1300 | 1400 | 1500 | 160 |

B.C.	고대 사회	A.D. 375	중세 사회	1400

중국
황하
문명
시작
(B.C.
2500년경)

인도
석가모니
탄생
(B.C. 563년경)

알렉
산더
대왕
동방
원정
(B.C. 334)

크리
스트교
공인
(313)

수나라
중국
통일
(589)

이슬람교
창시
(610)

러시아
건국
(862)

거란
건국
(918)

제1차
십자군
원정
(1096)

테무친
몽골
통일
칭기즈
칸이 됨
(1206)

원 멸망
명 건국
(1368)

잔
다르크
영국군
격파
(1429)

코페르니
쿠스
지동설
주장
(1543)

독일
30년
전쟁
(1618)

게르만
민족
대이동
시작
(375)

수 멸망
당나라
건국
(618)

송 태종
중국
통일
(979)

원 제국
성립
(1271)

구텐
베르크
금속
활자
발명
(1450)

도요토미
히데요시
일본
통일
(1590)

영국
청교
혁명
(1642~

로마
제국
동서로
분열
(395)

뉴턴
만유
인력
법칙
발견
(1665)

석가모니
(B.C. 563?~
B.C. 483?)

예수
(B.C. 4?~
A.D. 30)

칭기즈 칸
(1162~1227)

정약용
(1762~1836)

김정호
(?~?)

주시경
(1876~1914)

김구
(1876~1949)

안창호
(1878~1938)

안중근
(1879~1910)

우장춘
(1898~1959)

유관순
(1902~1920)

방정환
(1899~1931)

윤봉길
(1908~1932)

이중섭
(1916~1956)

백남준
(1932~2006)

이태석
(1962~2010)

이승훈
천주교
전도
(1784)

최제우
동학
창시
(1860)

김정호
대동여
지도
제작
(1861)

강화도
조약
체결
(1876)

지석영
종두법
전래
(1879)

갑신
정변
(1884)

동학
농민
운동,
갑오
개혁
(1894)

대한
제국
성립
(1897)

을사
조약
(1905)

헤이그
특사
파견,
고종
퇴위
(1907)

한일
강제
합방
(1910)

3·1
운동
(1919)

어린이날
제정
(1922)

윤봉길·
이봉창
의거
(1932)

8·15
광복
(1945)

대한
민국
정부
수립
(1948)

6·25
전쟁
(1950~1953)

10·26
사태
(1979)

6·29
민주화
선언
(1987)

서울
올림픽
개최
(1988)

북한
김일성
사망
(1994)

의약
분업
실시
(2000)

| 조선 시대 | | | | 1876 개화기 | | 1897 대한 제국 | 1910 일제 강점기 | | | 1948 | 대한민국 | |

| 1700 | 1800 | 1850 | 1860 | 1870 | 1880 | 1890 | 1900 | 1910 | 1920 | 1930 | 1940 | 1950 | 1970 | 1980 | 1990 | 2000 |

| 근대 사회 | | | | | | 1900 | | | | 현대 사회 | | | | | | |

미국
독립
선언
(1776)

프랑스
대혁명
(1789)

청·영국
아편
전쟁
(1840~1842)

미국
남북
전쟁
(1861~1865)

베를린
회의
(1878)

청·
프랑스
전쟁
(1884~1885)

청·일
전쟁
(1894~1895)

헤이그
평화
회의
(1899)

영·일
동맹
(1902)

러·일
전쟁
(1904~1905)

제1차
세계
대전
(1914~1918)

러시아
혁명
(1917)

세계
경제
대공황
시작
(1929)

제2차
세계
대전
(1939~1945)

태평양
전쟁
(1941~1945)

국제
연합
성립
(1945)

소련
세계
최초
인공위성
발사
(1957)

제4차
중동
전쟁
(1973)

소련
아프가니
스탄
침공
(1979)

미국
우주
왕복선
콜럼비아
호 발사
(1981)

독일
통일
(1990)

유럽
11개국
단일
통화
유로화
채택
(1998)

미국
9·11
테러
(2001)

워싱턴
(1732~1799)

페스탈
로치
(1746~1827)

모차
르트
(1756~1791)

나폴
레옹
(1769~1821)

링컨
(1809~1865)

나이팅
게일
(1820~1910)

파브르
(1823~1915)

노벨
(1833~1896)

에디슨
(1847~1931)

가우디
(1852~1926)

라이트
형제
(형, 윌버
1867~1912 /
동생, 오빌
1871~1948)

마리
퀴리
(1867~1934)

간디
(1869~1948)

아문센
(1872~1928)

슈바이처
(1875~1965)

아인슈
타인
(1879~1955)

헬렌
켈러
(1880~1968)

테레사
(1910~1997)

만델라
(1918~2013)

마틴
루서 킹
(1929~1968)

스티븐
호킹
(1942~2018)

오프라
윈프리
(1954~)

스티브
잡스
(1955~2011)

빌
게이츠
(1955~)

2023년 1월 15일 2판 5쇄 **펴냄**
2014년 2월 25일 2판 1쇄 **펴냄**
2008년 6월 10일 1판 1쇄 **펴냄**

펴낸곳 (주)효리원
펴낸이 윤종근
글쓴이 정 진 · **그린이** 신찬식
사진 제공 중앙포토 · 한국학중앙연구원
등록 1990년 12월 20일 · **번호** 2-1108
우편 번호 03147
주소 서울시 종로구 삼일대로 457, 406호
전화 02)3675-5222 · **팩스** 02)765-5222

ⓒ 2008 · 2014, (주)효리원

ISBN 978-89-281-0328-7 64990

이메일 hyoreewon@hyoreewon.com
홈페이지 www.hyoreewon.com